PICCOLA BIBLIOTECA ADELPHI

637

KTOŚ KOGO OBSERWUJĘ OD PEWNEGO CZASU

Nie przybywa gromadnie.
Nie zbiera się tłumnie.
Nie uczęszcza masowo.
Nie obchodzi hucznie.

Nie wydobywa z siebie
głosu chóralnego.
Nie oświadcza wszem wobec.
Nie stwierdza w imieniu,
~~gdzie zwoływanie i rozpytywanie~~ Nie w jego obecności to rozpytywanie –
kto jest za, a kto przeciw,
– dziękuję, nie widzę.

Brakuje jego głowy
gdzie głowa przy głowie,
gdzie krok w krok, ramię w ramię
i naprzód do celu
z ulotkami w kieszeniach
i produktem z chmielu.

Gdzie tylko na początku
sielsko i anielsko,
bo wkrótce jedna rzesza
z drugą się pomiesza
i nie będzie wiadomo
czyje są, ach, czyje
te kamienie i ~~kaix~~ kwiaty,
wiwaty i kije.

Niewzmiankowany,
niespektakularny,
jest zatrudnuony w Oczyszczalni Miasta
~~w Oczyszczalni Miasta~~.
O bladym świcie,
z miejsca, gdzie się działo,
zgarnia, wynosi, do przyczepy wrzuca
~~do przyczepy wrzuca~~
co hakami przybite do pożywych drzew,
co rozdeptane w umęczonej trawie.

. . . .

Podarte transparenty,
rozbite butelki,
spalone kukły,
obryzione kości,
różńce, gwizdki i prezerwatywy.

Raz znalazł w krzakach
klatkę po gołębiach.
~~Wziął ją do siebie~~ zabrał ją sobie
i po to ją ma,
żeby została pusta.

Wisława Szymborska

BASTA COSÌ

A CURA DI RYSZARD KRYNICKI
TRADUZIONE DI SILVANO DE FANTI

ADELPHI EDIZIONI

TITOLO ORIGINALE:
Wystarczy

In copertina: Wisława Szymborska, Collage inviato all'amico Pietro Marchesani nel marzo del 2003

WWW.ADELPHI.IT

ISBN 978-88-459-2750-8

Anno
2018 2017

Edizione
5 6 7 8 9 10

INDICE

BASTA COSÌ

KTOŚ, KOGO OBSERWUJĘ OD PEWNEGO CZASU

Nie przybywa gromadnie.
Nie zbiera się tłumnie.
Nie uczęszcza masowo.
Nie obchodzi hucznie.

Nie wydobywa z siebie
głosu chóralnego.
Nie oświadcza wszem wobec.
Nie stwierdza w imieniu.
Nie w jego obecności
to rozpytywanie –
kto jest za, a kto przeciw,
dziękuję, nie widzę.

Brakuje jego głowy,
gdzie głowa przy głowie,
gdzie krok w krok, ramię w ramię
i naprzód do celu
z ulotkami w kieszeniach
i produktem z chmielu.

Gdzie tylko na początku
sielsko i anielsko,
bo wkrótce jedna rzesza
z drugą się pomiesza
i nie będzie wiadomo,
czyje są, ach, czyje

UN TALE CHE OSSERVO DA UN PO' DI TEMPO

Non si presenta in frotta.
Non si raduna in folla.
Non partecipa in massa.
Non celebra con pompa.

Non cava dai polmoni
una voce corale.
Non dà fiato alle trombe,
né afferma in nome di.
Non c'è quando richiedono
risposte alle domande:
chi a favore? chi contro?
Nessun contrario, grazie.

Non c'è la sua testa
fra le teste assiepate
che spalla a spalla puntano
dritte alla meta, in gruppo,
coi volantini in tasca
e i prodotti del luppolo.

Non c'è dove l'inizio
è angelico e idilliaco
ma ben presto una schiera
si mischia all'altra, e allora
non è dato sapere
di chi siano quei fiori,

te kamienie i kwiaty,
wiwaty i kije.

Niewzmiankowany.
Niespektakularny.
Jest zatrudniony w Oczyszczalni Miasta.
O bladym świcie,
z miejsca, gdzie się działo,
zgarnia, wynosi, do przyczepy wrzuca,
co hakami przybite do półżywych drzew,
co rozdeptane w umęczonej trawie.

Podarte transparenty,
rozbite butelki,
spalone kukły,
obgryzione kości,
różańce, gwizdki i prezerwatywy.

Raz znalazł w krzakach klatkę po gołębiach.
Zabrał ją sobie
i po to ją ma,
żeby została pusta.

quei sassi e quegli evviva,
quei cori e quei bastoni.

Non menzionato.
Non spettacolare.
Lavora alla Raccolta dei rifiuti.
Ai primi albori,
sul campo dell'azione,
raccatta, porta via, getta nel camion
gli oggetti conficcati nei tronchi mezzo morti
o calpestati nell'erba spossata.

Striscioni a brandelli,
bottiglie frantumate,
fantocci bruciacchiati,
ossi spolpati,
rosari, fischietti e preservativi.

Tra i cespugli ha trovato una gabbietta
per colombi. L'ha presa
e la tiene apposta
perché resti vuota.

WYZNANIA MASZYNY CZYTAJĄCEJ

Ja, Numer Trzy Plus Cztery Dzielone Przez Siedem,
słynę z rozległej lingwistycznej wiedzy.
Zdążyłem już rozpoznać tysiące języków,
jakimi w swoich dziejach
posługiwali się wymarli ludzie.

Wszystko, co zapisali swoimi znakami,
mimo że przywalone warstwami katastrof,
wydobywam, odtwarzam
w pierwotnej postaci.

To nie przechwałki –
czytam nawet lawę
i kartkuję popioły.

Objaśniam na ekranie
każdą wzmiankowaną rzecz,
kiedy ją wykonano,
i z czego, i po co.

A już zupełnie z własnego rozpędu
badam niektóre listy
i poprawiam w nich
błędy ortograficzne.

Przyznaję – pewne słowa
sprawiają mi trudność.

LE CONFESSIONI DELLA MACCHINA CHE SA LEGGERE

Io, Numero Tre Più Quattro Fratto Sette,
sono noto per vaste competenze linguistiche.
Ho decifrato mille e mille lingue
che uomini estinti
hanno adottato nella loro storia.

Tutto quanto hanno scritto con i loro segni,
sebbene ormai schiacciato da strati di catastrofi,
lo estraggo e riproduco
nella forma primaria.

Non per vantarmi –
leggo anche la lava
e sfoglio la cenere.

Illustro sullo schermo
ogni cosa menzionata,
quando fu realizzata,
di cos'è fatta e a quale scopo.

E se prendo lo slancio
controllo alcune lettere
e correggo gli errori
di ortografia.

Lo ammetto: alcuni termini
mi creano problemi.

Na przykład stanów zwanych „uczuciami"
nie potrafię jak dotąd wytłumaczyć ściśle.

Podobnie z „duszą", wyrazem dziwacznym.
Ustaliłem na razie, że to rodzaj mgły,
rzekomo od śmiertelnych organizmów trwalszy.

Jednak największy kłopot mam ze słowem „jestem".
Wygląda to na czynność pospolitą,
uprawianą powszechnie, ale nie zbiorowo,
w praczasie teraźniejszym,
w trybie niedokonanym,
choć, jak wiadomo, dawno dokonanym.

Tylko czy to wystarcza jako definicja?
Mam na łączach burczenie i śrubek zgrzytanie.
Mój guzik do Centrali kopci zamiast świecić.

Poproszę chyba o braterską pomoc
kumpla Dwie Piąte Zera Łamane Przez Pół.
To wprawdzie znany wariat,
ale ma pomysły.

Non so ancora, ad esempio, spiegare esattamente
gli stati definiti «sentimenti».

Così è per «anima», espressione bizzarra.
Per ora ho stabilito che è una specie di nebbia,
più duratura, pare, degli esseri mortali.

Ma l'impiccio maggiore è la parola «sono».
Sembra un'attività più che banale,
svolta universalmente, ma non collegialmente,
nel pre-tempo presente,
nel modo imperfettivo,
anche se, com'è noto, perfetto ormai da tempo.

Ma questa può bastare come definizione?
Disturbi sulla linea, brusio e stridor di viti.
Il tasto della Centrale non luccica ma fuma.

Mi sa che chiedo un aiuto fraterno
al compare Due Quinti di Zero Barra Un Mezzo.
È un matto, a dire il vero,
però ha idee eccellenti.

SĄ TACY, KTÓRZY

Są tacy, którzy sprawniej wykonują życie.
Mają w sobie i wokół siebie porządek.
Na wszystko sposób i słuszną odpowiedź.

Odgadują od razu kto kogo, kto z kim,
w jakim celu, którędy.

Przybijają pieczątki do jedynych prawd,
wrzucają do niszczarek fakty niepotrzebne,
a osoby nieznane
do z góry przeznaczonych im segregatorów.

Myślą tyle, co warto,
ani chwilę dłużej,
bo za tą chwilą czai się wątpliwość.

A kiedy z bytu dostaną zwolnienie,
opuszczają placówkę
wskazanymi drzwiami.

Czasami im zazdroszczę
– na szczęście to mija.

C'È CHI

C'è chi meglio degli altri realizza la sua vita.
È tutto in ordine dentro e attorno a lui.
Per ogni cosa ha metodi e risposte.

È lesto a indovinare il chi il come il dove
e a quale scopo.

Appone il timbro a verità assolute,
getta i fatti superflui nel tritadocumenti,
e le persone ignote
dentro appositi schedari.

Pensa quel tanto che serve,
non un attimo in più,
perché dietro quell'attimo sta in agguato il dubbio.

E quando è licenziato dalla vita,
lascia la postazione
dalla porta prescritta.

A volte un po' lo invidio
– per fortuna mi passa.

ŁAŃCUCHY

Dzień upalny, psia buda i pies na łańcuchu.
Kilka kroków opodal miska pełna wody.
Ale łańcuch za krótki i pies nie dosięga.
Dodajmy do obrazka jeszcze jeden szczegół:
nasze o wiele dłuższe
i mniej widzialne łańcuchy,
dzięki którym możemy swobodnie przejść obok.

CATENE

Giorno afoso, una cuccia e un cane alla catena.
Poco più in là una ciotola ricolma d'acqua.
Ma la catena è corta e il cane non ci arriva.
Aggiungiamo al quadretto ancora un elemento:
le nostre molto più lunghe
e meno visibili catene
che ci fanno passare accanto disinvolti.

NA LOTNISKU

Biegną ku sobie z otwartymi ramionami,
wołają roześmiani: Nareszcie! Nareszcie!
Oboje w ciężkich zimowych ubraniach,
w grubych czapkach,
szalikach,
rękawiczkach,
butach,
ale już tylko dla nas.
Bo dla siebie – nadzy.

ALL'AEROPORTO

Si corrono incontro a braccia spalancate,
esclamano ridendo: Finalmente! Finalmente!
Entrambi indossano abiti invernali,
cappelli caldi,
sciarpe,
guanti,
scarpe pesanti,
ma solo ai nostri occhi.
Ai loro – sono nudi.

PRZYMUS

Zjadamy cudze życie, żeby żyć.
Denat schabowy z nieboszczką kapustą.
Karta dań to nekrolog.

Nawet najlepsi ludzie
muszą coś zabitego przegryzać, przetrawiać,
żeby ich czułe serca
nie przestały bić.

Nawet poeci najbardziej liryczni.
Nawet asceci najbardziej surowi
żują i przełykają coś,
co przecież sobie rosło.

Trudno mi to pogodzić z dobrymi bogami.
Chyba że łatwowierni,
chyba że naiwni,
całą władzę nad światem oddali naturze.
I to ona, szalona, narzuca nam głód,
a tam gdzie głód,
tam koniec niewinności.

Do głodu dołączają się natychmiast zmysły:
smak, powonienie i dotyk, i wzrok,
bo nie jest obojętne, jakie są potrawy
i na jakich talerzach.

COERCIZIONE

Mangiamo vite altrui per poter vivere.
Maiale deceduto con crauti defunti.
Il menu è un necrologio.

Anche l'uomo più buono
addenta e digerisce qualcosa di ammazzato
perché il suo cuore tenero
non cessi di pompare.

Anche il più lirico tra i poeti,
anche il più austero tra gli asceti
mastica e inghiotte qualcosa
che pure era vivo e cresceva.

Non trovo coerenza tra questo e gli dèi buoni.
Forse perché un poco creduloni,
oppure ingenui,
hanno dato il dominio del mondo alla natura.
Ed è lei, quella pazza, che ci impone la fame,
e là dove c'è fame
finisce l'innocenza.

Alla fame si aggregano rapidamente i sensi:
il gusto, l'odorato e il tatto, e la vista,
infatti le pietanze non sono tutte uguali
e tanto meno i piatti.

Nawet słuch bierze udział
w tym, co się odbywa,
bo przy stołach nierzadko wesołe rozmowy.

Partecipa all'azione
anche l'udito, infatti
a tavola si fanno spesso discorsi allegri.

KAŻDEMU KIEDYŚ

Każdemu kiedyś ktoś bliski umiera,
między być albo nie być
zmuszony wybrać to drugie.

Ciężko nam uznać, że to fakt banalny,
włączony w bieg wydarzeń,
zgodny z procedurą;

prędzej czy później na porządku dziennym,
wieczornym, nocnym czy bladym porannym;

i oczywisty jak hasło w indeksie,
jak paragraf w kodeksie,
jak pierwsza lepsza
data w kalendarzu.

Ale takie jest prawo i lewo natury.
Taki, na chybił trafił, jej omen i amen.
Taka jej ewidencja i omnipotencja.

I tylko czasem
drobna uprzejmość z jej strony –
naszych bliskich umarłych
wrzuca nam do snu.

A OGNUNO UN GIORNO

A ognuno un giorno muore un proprio caro,
tra l'essere e il non essere
è costretto a scegliere il secondo.

È duro riconoscere che è un fatto banale,
incluso nel corso degli eventi,
conforme a procedura,

prima o poi inserito nell'ordine del giorno,
della sera, della notte, di un pallido mattino;

scontato come una voce dell'indice,
come un paragrafo del codice,
come una data qualsiasi
del calendario.

Ma è il diritto e il rovescio della natura.
Il suo omen e amen distribuiti a caso.
La sua casistica e la sua onnipotenza.

Solo ogni tanto
ci mostra un po' di cortesia –
i nostri cari morti
ce li butta nei sogni.

DŁOŃ

Dwadzieścia siedem kości,
trzydzieści pięć mięśni,
około dwóch tysięcy komórek nerwowych
w każdej opuszce naszych pięciu palców.
To zupełnie wystarczy,
żeby napisać „Mein Kampf"
albo „Chatkę Puchatka".

LA MANO

Ventisette ossa,
trentacinque muscoli,
circa duemila cellule nervose
in ogni polpastrello delle nostre cinque dita.
È più che sufficiente
per scrivere *Mein Kampf*
o *Winnie the Pooh.*

LUSTRO

Tak, pamiętam tę ścianę
w naszym zburzonym mieście.
Sterczała prawie do szóstego piętra.
Na czwartym miała lustro,
lustro nie do wiary,
bo nie rozbite, przytwierdzone mocno.

Nie odbijało już niczyjej twarzy,
niczyich rąk układających włosy,
żadnych drzwi naprzeciwko,
niczego, co by można nazwać
miejscem.

Było jak na wakacjach –
przeglądało się w nim żywe niebo,
ruchliwe chmury na dzikim powietrzu,
pył gruzów obmywany lśniącymi deszczami,
ptaki w przelocie, gwiazdy, wschody słońca.

I tak, jak każdy dobrze wykonany przedmiot,
działało bez zarzutu,
z zawodowym brakiem zdumienia.

LO SPECCHIO

Sì, mi ricordo quella parete
nella nostra città rasa al suolo.
Si ergeva fin quasi al sesto piano.
Al quarto c'era uno specchio,
uno specchio assurdo
perché intatto, saldamente fissato.

Non rifletteva più nessuna faccia,
nessuna mano a ravviare chiome,
nessuna porta dirimpetto,
nulla cui possa darsi il nome
« luogo ».

Era come durante le vacanze –
vi si rispecchiava il cielo vivo,
nubi in corsa nell'aria impetuosa,
polvere di macerie lavata dalla pioggia
lucente, e uccelli in volo, le stelle, il sole all'alba.

E così, come ogni oggetto fatto bene,
funzionava in modo inappuntabile,
con professionale assenza di stupore.

W UŚPIENIU

Przyśniło mi się, że czegoś szukałam,
gdzieś chyba schowanego albo zgubionego
pod łóżkiem, pod schodami,
pod starym adresem.

Grzebałam w szafach, pudłach i szufladach
pełnych na próżno rzeczy nie do rzeczy.

Wyciągałam z walizek
poodbywane lata i podróże.

Wytrząsałam z kieszeni
uschnięte listy i nie do mnie liście.

Przebiegałam zdyszana
przez swoje, nieswoje
niepokoje, pokoje.

Grzęzłam w tunelach śniegu
i niepamiętaniu.

Wikłałam się w kolczastych krzakach
i domysłach.

Rozgarniałam powietrze
i dziecinną trawę.

NEL SONNO

Ho sognato che cercavo una cosa,
nascosta chissà dove oppure persa
sotto il letto o le scale,
all'indirizzo vecchio.

Rovistavo in armadi, scatole e cassetti,
inutilmente pieni di cose senza senso.

Tiravo fuori dalle mie valigie
gli anni e i viaggi compiuti.

Scuotevo fuori dalle tasche
lettere secche e foglie scritte non a me.

Correvo trafelata
per ansie e stanze
mie e non mie.

Mi impantanavo in gallerie
di neve e nell'oblio.

Mi ingarbugliavo in cespugli di spine
e congetture.

Spazzavo via l'aria
e l'erba dell'infanzia.

Usiłowałam zdążyć
zanim zapadnie zeszłowieczny zmierzch,
klamka i cisza.

W końcu przestałam wiedzieć
czego szukałam tak długo.

Zbudziłam się.
Spojrzałam na zegarek.
Sen trwał niecałe dwie i pół minuty.

Oto do jakich sztuczek zmuszony jest czas,
odkąd zaczął natrafiać
na uśpione głowy.

Cercavo di fare in tempo
prima del crepuscolo del secolo trascorso,
dell'ora fatale e del silenzio.

Alla fine ho smesso di sapere
cosa stessi cercando così a lungo.

Al risveglio
ho guardato l'orologio.
Il sogno era durato due minuti e mezzo.

Ecco a che trucchi è costretto il tempo
dacché si imbatte
nelle teste addormentate.

WZAJEMNOŚĆ

Są katalogi katalogów.
Są wiersze o wierszach.
Są sztuki o aktorach grane przez aktorów.
Listy z powodu listów.
Słowa służące objaśnianiu słów.
Mózgi zajęte studiowaniem mózgu.
Są smutki zaraźliwe podobnie jak śmiech.
Papiery pochodzące ze zbiórki papierów.
Zobaczone spojrzenia.
Przypadki odmieniane przez przypadki.
Rzeki duże z poważnym udziałem niedużych.
Lasy po same brzegi porośnięte lasem.
Maszyny przeznaczone do wyrobu maszyn.
Sny, które nagle budzą nas ze snu.
Zdrowie konieczne w powrocie do zdrowia.
Schody na tyle w dół, na ile w górę.
Okulary do szukania okularów.
Wdech i wydech oddechu.
I niechby bodaj od czasu do czasu
nienawiść nienawiści.
Bo koniec końców
niewiedza niewiedzy
i ręce zatrudnione umywaniem rąk.

RECIPROCITÀ

Ci sono cataloghi di cataloghi.
Poesie sulle poesie.
Drammi su attori recitati da attori.
Lettere a causa di altre lettere.
Parole per spiegare le parole.
Cervelli intenti a studiare il cervello.
Tristezze contagiose come una risata.
Carte che provengono dal macero di carte.
Sguardi veduti.
Casi declinati secondo i casi.
Fiumi grandi con serio contributo dei piccoli.
Boschi ricoperti di bosco fino al ciglio.
Macchine adibite a fabbricare macchine.
Sogni che all'improvviso ci destano dai sogni.
Salute necessaria per tornare in salute.
Tanti scalini a scendere quanti sono a salire.
Occhiali per cercare gli occhiali.
Respiro che inspira ed espira.
E almeno una volta ogni tanto
ci sia l'odio dell'odio.
Perché alla fin fine
c'è l'ignoranza dell'ignoranza
e mani reclutate per lavarsene le mani.

DO WŁASNEGO WIERSZA

W najlepszym razie
będziesz, mój wierszu, uważnie czytany,
komentowany i zapamiętany.

W gorszym przypadku
tylko przeczytany.

Trzecia możliwość –
wprawdzie napisany,
ale po chwili wrzucony do kosza.

Masz jeszcze czwarte wyjście do wykorzystania –
znikniesz nienapisany,
z zadowoleniem mrucząc coś do siebie.

A UNA MIA POESIA

Nel migliore dei casi,
poesia, sarai letta attentamente,
commentata e ricordata.

Nel peggiore
sarai soltanto letta.

Terza eventualità:
verrai sì scritta,
ma subito buttata nel cestino.

Potrai approfittare di una quarta soluzione:
scomparirai non scritta,
borbottando qualcosa soddisfatta.

MAPA

Płaska jak stół,
na którym położona.
Nic się pod nią nie rusza
i ujścia sobie nie szuka.
Nad nią – mój ludzki oddech
nie tworzy wirów powietrza
i całą jej powierzchnię
zostawia w spokoju.

Jej niziny, doliny zawsze są zielone,
wyżyny, góry żółte i brązowe,
a morza, oceany to przyjazny błękit
przy rozdzieranych brzegach.

Wszystko tu małe, dostępne i bliskie.
Mogę końcem paznokcia przyciskać wulkany,
bieguny głaskać bez grubych rękawic,
mogę jednym spojrzeniem
ogarnąć każdą pustynię
razem z obecną tuż tuż obok rzeką.

Puszcze są oznaczone kilkoma drzewkami,
między którymi trudno by zabłądzić.

Na wschodzie i zachodzie,
nad i pod równikiem –
cisza jak makiem zasiał,

LA MAPPA

Piatta come il tavolo
sul quale è posata.
Sotto – nulla si muove,
né cerca uno sbocco.
Sopra – il mio fiato umano
non crea vortici d'aria
e lascia tranquilla
la sua intera superficie.

Bassopiani e vallate sono sempre verdi,
altopiani e montagne sono gialli e marrone,
oceani e mari – di un azzurro amico
sui margini sdruciti.

Qui tutto è piccolo, vicino, alla portata.
Con la punta dell'unghia posso schiacciare i
vulcani,
accarezzare i poli senza guanti grossi,
posso con un'occhiata
abbracciare ogni deserto
insieme al fiume che sta lì accanto.

Segnalano le selve alcuni alberelli
tra i quali è ben difficile smarrirsi.

A est e ovest, sopra e sotto
l'equatore, un assoluto

a w każdym czarnym ziarnku
żyją sobie ludzie.
Groby masowe i nagłe ruiny
to nie na tym obrazku.

Granice krajów są ledwie widoczne,
jakby wahały się – czy być czy nie być.

Lubię mapy, bo kłamią.
Bo nie dają dostępu napastliwej prawdzie.
Bo wielkodusznie, z poczciwym humorem
rozpościerają mi na stole świat
nie z tego świata.

silenzio sparso come semi,
ma in ogni seme nero
la gente vive.
Fosse comuni e improvvise rovine
sono assenti in questo quadro.

I confini s'intravedono appena,
quasi esitanti – esserci o non esserci?

Amo le mappe perché dicono bugie.
Perché sbarrano il passo a verità aggressive.
Perché con indulgenza e buonumore
sul tavolo mi dispiegano un mondo
che non è di questo mondo.

POESIE ULTIME

(RIPRODUZIONI E DESCRIZIONE DEI MANOSCRITTI)

którzy słowo właśnie już — jeszcze

mieszają [illegible] co znaczyło — wyprawdzić z oblężenia

podnieśmy się [illegible] [illegible] ~~wypatrzeć~~

z ~~[illegible]~~ [illegible] za wzruszenie

[— wysiłkiem zrozumienia

w kresce [illegible] [illegible]
[illegible] i śmierci

[illegible] się [illegible]
i [illegible] [illegible]

nawet w [illegible]
[illegible]

[illegible] [illegible] [illegible] [illegible]

w [illegible] [illegible] [illegible] [illegible]
~~[illegible] [illegible] [illegible] [illegible]~~
~~[illegible] [illegible]~~

jak [illegible] [illegible]
[illegible] z ziemi — wcale nie tym najlepszym

[illegible] [illegible] [illegible] [illegible] [illegible]

[illegible] [illegible] [illegible] co [illegible] się [illegible]

[illegible] ~~[illegible]~~ [illegible] [illegible]
~~[illegible]~~
między
[illegible] [illegible] [illegible] [illegible] [illegible]

[illegible] i [illegible] [illegible] [illegible] [illegible]
a [illegible] [illegible] [illegible] [illegible]

[illegible] ~~[illegible]~~ [illegible] ~~[illegible]~~ jestem
jak ~~[illegible]~~

[illegible] [illegible] najlepszy jest [illegible] [illegible]
[illegible] [illegible] [illegible] [illegible] [illegible]

[illegible] [illegible] z [illegible] [illegible]
[illegible] [illegible] [illegible] — słowo [illegible] [illegible] w [illegible]
[illegible] [illegible] — [illegible] czasu
[illegible] [illegible]
[illegible] [illegible] [illegible]

Czas nie jest słuszny
[illegible] [illegible] [illegible] [illegible]
[illegible] [illegible] [illegible] się z [illegible]
wstydzi się [illegible] że nie [illegible]

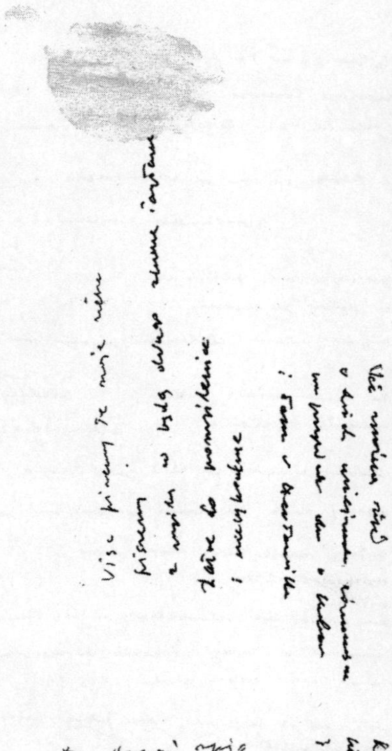

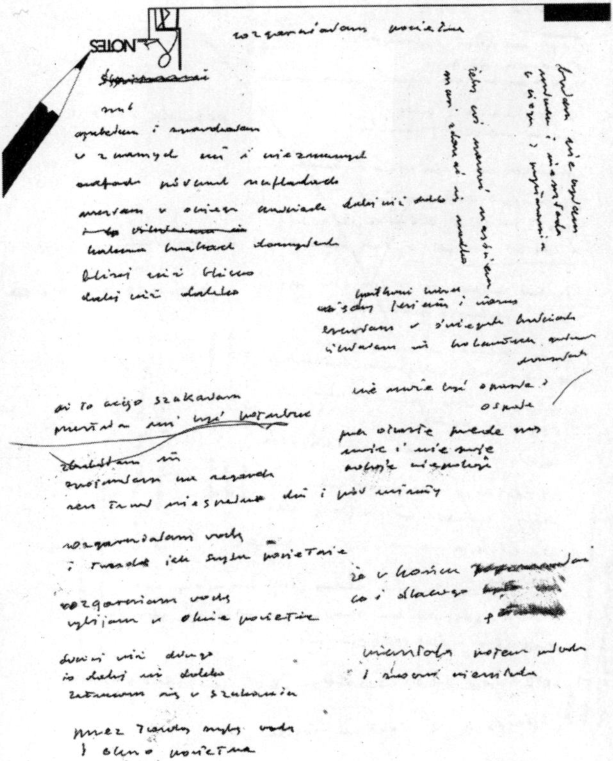

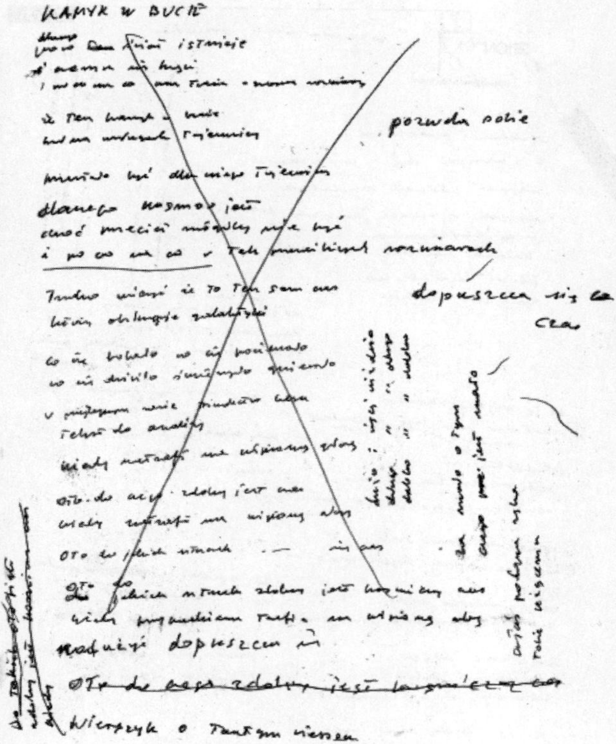
KAMYK W BUCIE

pozwala sobie

dlatego kosmos jest

dopuszcza się

Przyśniło mi się że wróci [illegible]
jakiś biedak zdrowego albo zgubione
znaki [illegible] co pisało albo nie mamy
tuż pod szafą nad zębem
przetrzymałam biernie i listy na dworcu

Śniło mi się z [illegible] na głos
niedoczytane listy i wiem do mnie listy

coś to mogło być wszędzie
pod szafą nad zębem

OWADY

widzę ich z bliska choć jeszcze z daleka
albo z daleka chociaż jeszcze z bliska

Cudze to zawsze miejsca losu

żadnej mocy tylko bzyczą
nieraz coś za nic
albo kawałek przestrzeni im do polowania

Narzucona im rola
zamknie się w ich grze

przytrafiło się życie
ani coś bardziej wiecznego

ale minuta jest większa niż całość

MATERIA

Zaczynała lekko -- gdzieniegdzie
potem się rozszalała ~~[illegible]~~

stworzyła mechanizm
który nam teraz wydaje się pytania
a wszystko było w planie
ożywia mnożąc istot potem usuwa je a tyle powodu
wyposaża odzienia
i pusta sama siebie

kiedy się okazało że może być żywa

~~zostanie~~
zamyka się nawet w lód i wielu gwiazd

może być zwyczajna
bo w ciszy jak da się tego umilknąć

Nieraz wybucha z siebie słowa myśli
ręka wydziałem tylko w śmiertelnej chorobie
żadnej misji przez bycia rozmnażania się

Pozdrawiam wszystkie Twoje [illegible] dnia

umiem do ciebie dużo pisać

ale wiem
że nie mam czasu odpowiadać na listy

pozdrawiam Twoje [illegible] odkrycia

i twoją bezgraniczność

bo [illegible] [illegible] [illegible] [illegible] nad

że ty nadal dzieckiem a ja [illegible]

dla [illegible] wiem
że [illegible] [illegible] [illegible] [illegible] twoje [illegible]

POWIEŚĆ

niech nie będzie zakochany tylko w sobie
i to bez wzajemności

twoje opowiadanie musi się toczyć dalej albo iść
akcji nadaj pośpiech
a nie jeszcze tam
wszystko zależy od tego
w którym miejscu się przerwie

niech nie myśli o sobie od rana do rana

obdarz ich życiem
myślącymi którzy wcale nie muszą być ważni

są doskonale odrębni
opisani ...
i zawsze o nich nie mówi się tam

czytelnik musi się o nich wypowiedzieć

przez być rozpaczliwy — — —
bo tego z życia nie da się uniknąć

Niech wybuchają z niczego tylko własne myśli
w nie wydaliśmy tylko w śmiertelnej chwili

Palec losu niech będzie zakończony szponem

w alfabecie są tylko alfa i omega

Humor i litość są dobrą parą

~~[illegible]~~

On też nie [illegible] [illegible] [illegible] [illegible]

[illegible] [illegible] [illegible] [illegible] [illegible]

Ona [illegible] [illegible] [illegible] [illegible] tylko [illegible]

[illegible] [illegible] [illegible] [illegible] [illegible]

Kiedy [illegible] [illegible] [illegible] Kiedy [illegible] [illegible] [illegible] [illegible] [illegible] [illegible] [illegible]

[illegible] [illegible] [illegible] [illegible] [illegible] [illegible]

[illegible] [illegible] [illegible] [illegible] – [illegible] [illegible] [illegible] [illegible] –

[illegible] [illegible] [illegible] [illegible] [illegible]

Zmarnowałyby się te przedmioty i układy

świat tak dobry
rozstanie się
chaos powszechny

czy jesteś tak wspaniały
że jednego sobie się wyrzekać

Jak to jest nie być

nosić szybę w sobie
stać sobie na elemencie
albo tarczy w Tarocie
obok siebie
każdy ... ziemi ...

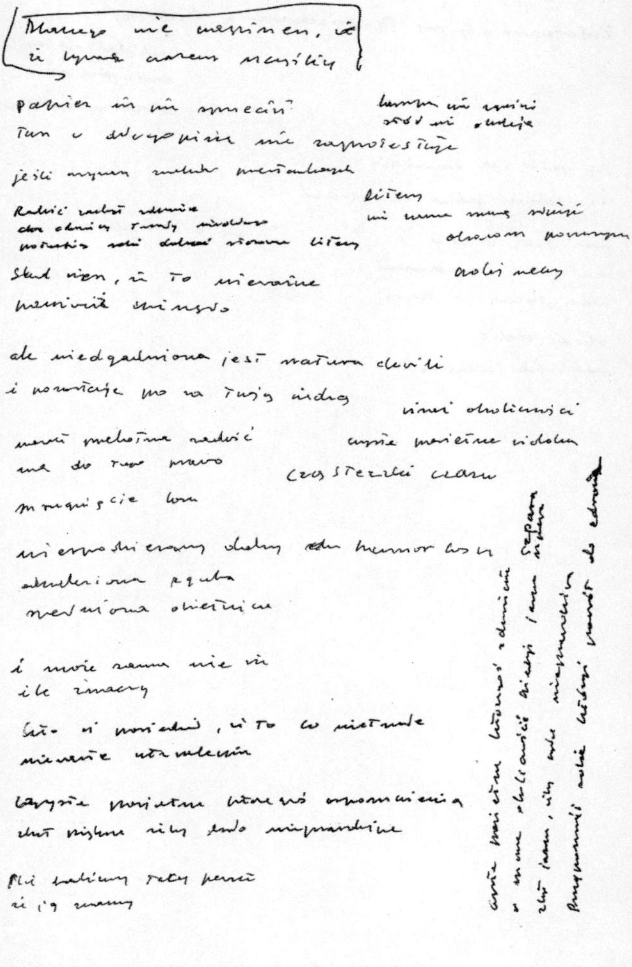

Dlaczego nie wspomnieć, że
że tyle [illegible] [illegible]

papier się nie zmieści
Tam w [illegible] nie [illegible]

[illegible] nie [illegible]
[illegible] się [illegible]

jeśli [illegible] [illegible] [illegible]

litery
nie [illegible] [illegible] [illegible]

[illegible] [illegible] [illegible]
[illegible] [illegible] [illegible] [illegible]
[illegible] [illegible] [illegible] [illegible] litery

obrazom [illegible]

Skąd wiem, że to nieważne
[illegible] [illegible]

[illegible] [illegible]

ale niedgadniona jest natura [illegible]
i [illegible] [illegible] na [illegible] [illegible]

[illegible] [illegible]

[illegible] [illegible] [illegible]
[illegible] do [illegible] [illegible]

[illegible] [illegible] [illegible]
cząstki czasu

[illegible] [illegible]

nieprzewidziany [illegible] [illegible] humor losu
[illegible] [illegible]
[illegible] [illegible]

i moje [illegible] nie [illegible]
ile znaczy

[illegible] się [illegible], że to [illegible] [illegible]
[illegible] [illegible]

[illegible] [illegible] [illegible] [illegible]
[illegible] [illegible] [illegible] [illegible]

[illegible] [illegible] [illegible] [illegible]
że ją znamy

24.11.1905

Nakładem Cukierni Lwowskiej Jana Michalika w Krakowie

767.

Tę kartkę otrzymał autor od swojej dyplomantki po zakończeniu wspólnych prac nad wystawą Świat w formacie 10 x 14. W wykroju serca fragment tekstu pracy magisterskiej, traktujący o tzw. pocztówkach księżycowych.

Proj. i wyk. Joanna Szklarczuk-Mirecka 1987

Collage

i wielka [illegible] nieba
naprawdę urwana

To co [illegible]
naprawdę [illegible]

[illegible] [illegible] i pięknie

~~[illegible]~~ tylko patrzeć
jak [illegible] się nam w [illegible]
[illegible] myśli [illegible]
już po [illegible]

~~[illegible]~~ Dobrze jest dobrze,
nie pytam
dotychczas nas [illegible]
nie wymyślam [illegible] sposoby
i tylko czekam
[illegible] nas [illegible]

każdy podobny / do mnie
kto nie wie co dalej
chociaż myśli że wie

Piękne marzenia [illegible] gdy tylko [illegible]
[illegible]

mam czas, żeby się dziwić

Tylko że poza nami są rozległe obszary

wielkie wydają się ciągle te same
Zagadki [illegible] odpowiedzi [illegible] jeszcze
[illegible]
a świat idzie [illegible],

[illegible] natura jest [illegible] [illegible] [illegible]
~~[illegible]~~ [illegible]

Kiedy umiera rzeczy jest w nieładzie

Świat ~~dnia~~ ich rozpodziała
już nie pamięta słów ich i kiedy

Nie wie, że jest ostatni
udało mu się przeżyć wiele wschodów słońca

Ale cóż muszę wracać
moja poezja karmi się tylko izolacją
~~a tęsknić [illegible]~~
a więc tęsknić trzeba też z oddalenia

Twoja ~~[illegible]~~ rana w komunizmie
już trochę [illegible] się zabliźnia
zwracam uwagę więcej niż powinnam
myśleć więcej niż trzeba
dwie i więcej przepaści jeszcze w zachodzie
atom [illegible] może zwalić
~~miastom~~ z [illegible] człowiekiem w [illegible]
~~[illegible]~~
w moim otchłani wzięty na [illegible]

Jak to wiesz ~~[illegible]~~ [illegible] myślenie
o ~~[illegible]~~ [illegible] [illegible]
polem ~~[illegible]~~ [illegible]

La maggior parte dei manoscritti è su fogli formato A5 (o simili), in prevalenza ricavati tagliando a metà fogli A4 per macchina da scrivere o per stampante; i rimanenti si trovano o sulla copertina strappata di un notes, o in un quaderno a quadretti senza copertina, oppure su pezzetti di carta; uno è sul retro di un frammento di volantino pubblicitario.

p. 49 Manoscritto che inizia con il verso *któreś słowo się może śni* [una parola viene forse in sogno].
Appunti per la poesia *Le confessioni della macchina che sa leggere*, tra i quali le righe cancellate:
nic się nie zachowało oprócz słowa jestem / jak skamieniała [*żuchwa*] [nulla si è conservato se non la parola sono / come una [mandibola] pietrificata];
nell'angolo in basso a destra quattro versi aggiunti scritti di traverso:
Czas nie jest ślepy / dał nam łaskawą minutę / mądra maszyna wyłącza się z piskiem / wstydzi się przyznać że nie wie [Il tempo non è avaro / ci ha dato un minuto benigno / la macchina sapiente si disconnette con un fischio / si vergogna di ammettere che non lo sa].

p. 50 Retro del foglio con gli appunti per la poesia *Le confessioni della macchina che sa leggere*.
Contiene la minuta cancellata di una poesia satirica di circostanza che qui è stata omessa;
sul margine destro appunti per due poesie, uno per

il componimento concluso *A una mia poesia* e tre per una progettata poesia su Stanisław Barańczak:
[1] *Więc można żyć / w dwóch miejscach równocześnie / na przykład tu w Krakowie / i tam w Newtonville* [Allora si può vivere / al contempo in due luoghi / per esempio qui a Cracovia / e laggiù a Newtonville];
[2] *to drugi wpis / w księdze zażaleń / że każdy cierpi / w swój / niepodzielny sposób* [questo è il secondo commento / nel libro dei reclami / ciascuno soffre / a propria insindacabile maniera];
[3] *Każdy z przyjaciół / cierpiałby tylko trochę / i tylko kilka minut / w ciągu doby* [Ogni amico / soffrirebbe solo un po' / e solo per pochi minuti / in ventiquattr'ore].

pp. 51-52 Appunti per la poesia conclusa *Nel sonno* che si trovano sulle pagine esterne delle copertine strappate da un notes formato A5; iniziano sulla faccia anteriore e terminano sulla faccia posteriore della copertina, dove in precedenza era stato scritto (e poi cancellato) l'inizio della poesia *Kamyk w bucie* [*Un sassolino nella scarpa*].

p. 51 Incipit: *rozgarniałam powietrze* [spazzavo via l'aria]; nell'angolo in alto a destra le annotazioni perpendicolari: *byłam nie byłam / młoda i niemłoda / w biegu i przystawaniu* [ero non ero / giovane e non giovane / in corsa e in sosta], e *żeby coś nazwać szczęściem / musi zdarzać się rzadko* [per chiamare qualcosa felicità / deve succedere di rado].

p. 52 Minuta della poesia incompiuta *Un sassolino nella scarpa*, che probabilmente si rifà al precedente componimento *Vista con granello di sabbia*, come testimonia l'aggiunta a fondo pagina: *Widok z ziarnkiem piasku* [Poesiola su quella poesia]. Una riga orizzontale separa la poesia dal rimanente testo che contiene

alcune varianti della conclusione del componimento *Nel sonno* (iniziato nella pagina opposta), a cominciare da *Trudno uwierzyć że to ten sam czas / który obsługuje galaktyki* [È difficile credere che questo sia lo stesso tempo / che assiste le galassie], per finire con *Oto do czego zdolny jest kosmiczny czas* [Ecco di cosa è capace il tempo cosmico]; nel mezzo ci sono quattro righe di appunti per un'altra poesia (forse quella intitolata *A una mia poesia*): *Co cię bolało co cię pocieszało / co cię dziwiło śmieszyło gniewało // w najlepszym razie świadectwo czasu / tekst do analizy* [Ciò che ti faceva male ciò che ti ha consolato / ciò che ti stupiva ti faceva ridere o arrabbiare // nel migliore dei casi era una testimonianza del tempo / un testo da analizzare], non utilizzati nella versione finale del componimento;
sul margine destro annotazioni perpendicolari tra cui nell'angolo destro in basso: *czyjaś podana ręka / tobie leżącemu* [la mano di qualcuno porta / a te che giaci].

p. 53 Manoscritto della versione tralasciata delle quattro strofe iniziali della poesia *Nel sonno*:

Przyśniło mi się że czegoś szukałam
gdzieś kiedyś schowanego albo zgubionego
czegoś co przestało albo nie zaczęło
być pod szafą pod ręką
przetrząsałam kieszenie i liście na drzewach

Sypały mi się z sufitów na głowę
niedoczytane liście i nie do mnie listy

Coś co mogło być wszędzie
pod szafą pod ręką

[Ho sognato che cercavo una cosa
nascosta chissà quando oppure persa

una cosa che non c'era più o non c'era ancora
sotto l'armadio sottomano
scuotevo le mie tasche e le foglie sugli alberi

Dal soffitto mi piovevano sul capo
foglie non lette del tutto e lettere scritte non a me

Una cosa che poteva essere ovunque
sotto l'armadio sottomano]

p. 54 Bella copia della poesia incompiuta *Owady* [*Gli insetti*] (si veda *In luogo di una postfazione*).

p. 55 Minuta della poesia incompiuta *Materia* [*La materia*] (si veda più avanti *In luogo di una postfazione*): le quattro righe tagliate da quattro linee oblique (*Może być zrozpaczona / bo w życiu nie da się tego uniknąć // Niech wydala z siebie słowa myśli / reszta wydzielin tylko w śmiertelnej chorobie* [Può essere disperata / perché nella vita è inevitabile // Che espella le parole i pensieri / le altre secrezioni solo nella malattia mortale]) contengono una variante delle strofe finali (la seconda e la terza dal basso) della poesia incompiuta *Powieść* [*Romanzo*];
sotto l'angolo superiore destro del foglio le parole cancellate: *Maszyna czytająca* [La macchina che sa leggere] (probabilmente l'idea frettolosamente annotata della poesia *Le confessioni della macchina che sa leggere*, dal che si può dedurre che le poesie *La materia*, *Romanzo* e *Le confessioni della macchina che sa leggere* sono state scritte contemporaneamente).

p. 56 Manoscritto della poesia incompiuta che inizia con le parole *Pozdrawiam wszystkie twoje czarne dziury* [Saluto tutti i tuoi buchi neri] (si veda *In luogo di una postfazione*):
il quinto verso: *pozdrawiam twoją przeraźliwą odległość*

[saluto la tua terrificante lontananza] ricorda un po' la quarta riga della poesia cancellata *Kamyk w bucie: i po co na co mu takie ogromne rozmiary* [Un sassolino nella scarpa: ma a che gli servirà uno spazio così immenso];
l'ultima parola del settimo verso è difficile da decifrare, probabilmente è *nad* [sopra] invece di *na tym* [su ciò];
nell'ultimo verso, dopo la parola *twój* [il tuo] (con lettera maiuscola o minuscola), presumibilmente manca il complemento.

p. 57 Probabilmente è il manoscritto della penultima versione della poesia incompiuta *Romanzo* (si veda *In luogo di una postfazione*); è da supporre che la versione definitiva sia stata ultimata durante la battitura a macchina.

p. 58 Manoscritto della poesia quasi conclusa che inizia con le parole *Humor i litość są dobraną parą* [Buonumore e pietà – coppia ben assortita] (si veda *In luogo di una postfazione*):
completamente cancellato il secondo verso: *już dawno wzięli ślub ale* [si sono sposati molto tempo fa però];
nel terzo verso sopra la parola *pracować* [lavorare] è inserita la variante *przebywać* [abitare].

p. 59 Sul retro del foglio che contiene il manoscritto del componimento precedente con appunti per un'altra poesia la quale inizia con le parole *Zmarnowałyby się te pozdrowienia i ukłony* [Sarebbero sprecati quei saluti e quegli inchini]:
ultima riga aggiunta sul lato destro: *Jak to jest nie być* [Com'è il non essere].

p. 60 Minuta di una poesia incompiuta che inizia

con i versi *Dlaczego nie napiszesz / że bywasz czasem szczęśliwy* [Perché non scrivi / che a volte sei felice] (si veda *In luogo di una postfazione*):
i due versi iniziali sono bordati da una sottile linea nera, il che può significare che doveva trattarsi del titolo;
i versi finali *Nie bądźmy tacy pewni / że ją znamy* [Non siamo tanto sicuri / di conoscerla] sono forse la variante dei versi *ale nieodgadniona jest natura chwili / i pozostaje poza twoją wiedzą* [ma è imperscrutabile la natura dell'attimo / e resta al di fuori delle tue conoscenze], oppure si riferiscono a un altro componimento non scritto;
nell'angolo in basso a destra, nello spazio libero, sono aggiunte quattro righe perpendicolari scritte con tratto sottile, che costituiscono la variante dei due penultimi versi:
Czyste powietrze któregoś zdumienia / w murze okoliczności kiedyś jasna szpara / zbyt jasna, żeby była nieprawdziwa / Przypomnij sobie któryś powrót do zdrowia [L'aria pulita di un qualche stupore / nel muro degli eventi un giorno una fessura chiara / troppo chiara per non essere vera / Ricordati di un qualche tuo ritorno alla salute].

p. 61 Sul retro del foglio contenente la bella copia della poesia «*Perché non scrivi che a volte sei felice*»; i due versi iniziali si ricollegano probabilmente alle considerazioni sulla natura dell'attimo, mentre gli altri tre sono forse i versi conclusivi del componimento:
Może prócz przemijania / ma jeszcze inną specjalność // Ciesz się że są zagadki / nie do rozwiązania / bez nich byłoby nudno [Forse oltre al trascorrere / ha un'altra peculiarità // Rallegrati che esistano enigmi / che non puoi risolvere / senza di essi sarebbe una noia].

p. 62 Foglio con appunti che probabilmente si riferiscono a più componimenti; nella parte superiore due colonne parallele di annotazioni; la prima inizia con le parole *i wszelka noga ręka / naprawdę urwana* [e ogni gamba braccio / staccato per davvero], la seconda, più lunga, inizia con le parole *Tylko patrzeć / jak rzuci się nam w ramiona* [Un attimo e vedrai / come si butta tra le nostre braccia];
nella parte centrale tre righe cancellate: *każdy podobny do mnie / bo nie wie co dalej / chociaż myśli że wie* [ognuno simile a me / perché non sa cosa accadrà / anche se pensa di saperlo];
nella parte inferiore, i versi 6-8:
zagadki bez odpowiedzi są jeszcze / możliwe / a nawet ich przybywa [enigmi senza risposta sono ancora / possibili / anzi sono in aumento];
il bordo inferiore del foglio (con due parole cancellate) è strappato.

p. 63 Minuta della poesia sull'ultimo uomo di Neandertal, scritta nell'ottobre 2011 (si veda *In luogo di una postfazione*):
è scritta sul primo (o l'ultimo) foglio di un quaderno a quadretti formato A5, con le copertine strappate; i fogli restanti sono vuoti, solo nel foglio opposto – il primo o l'ultimo del quaderno, ruotato di 180 gradi – c'è una riga:
wymościsz sobie miejsce w niepamięci [ti arrederai un posto nell'oblio].

p. 64 Minuta di una strofa incompiuta, probabilmente l'ultima, della poesia sull'ultimo uomo di Neandertal (si veda *In luogo di una postfazione*), scritta non sul quaderno in cui si trova la parte principale del componimento, ma su un distinto foglio di carta liscia.

p. 65 Appunti per una poesia iniziata che comincia con le parole *ale cóż muszę wracać* [eh già devo proprio ritornare] (si veda *In luogo di una postfazione*): cancellata la prima versione della terza riga: *a tęskni się z daleka* [e si ha nostalgia da lontano].

IN LUOGO DI UNA POSTFAZIONE

DI RYSZARD KRYNICKI

Il caso ha voluto che gli ultimi quattro volumi di poesia di Wisława Szymborska, a partire da *La fine e l'inizio* (1993) edito dalla nostra Wydawnictwo a5, siano stati pubblicati alternatamente da noi e dall'editore Znak. Perciò, quando tre anni fa la Znak pubblicò il volume *Qui*, abbiamo iniziato a sperare che la poetessa ci avrebbe affidato il suo nuovo libro. E così è stato: mentre donava a noi (e ai nostri gatti) il volume appena edito dalla Znak, Wisława Szymborska promise che, in accordo con quel patto mai scritto, avrebbe pubblicato con Wydawnictwo a5 le sue nuove poesie. Qualche tempo dopo ci disse maliziosamente che aveva già pronto il titolo: *Basta così*. Quel giorno ci sembrò uno scherzo, e ancora nell'ottobre 2011, quando lo ripeté a Zakopane dov'ero andato a trovarla con Anders Bodegård e Michał Rusinek, mi augurai che continuasse a essere uno scherzo, perché non potevo accettarne il significato. Confidavo che quello non fosse l'ultimo libro di Wisława Szymborska, così importante per me, e non solo per me. Il destino ha deciso diversamente, non le ha nemmeno concesso di concludere il lavoro iniziato. Anche se, d'altro canto, mi riesce difficile immaginarlo come un'opera compiuta... Forse doveva restare un'opera aperta così come il volume *Due punti*, dove l'ultima poesia, nel ricordare il titolo del libro precedente, *Attimo*, non termina con il tradizionale punto, ma proprio con i due punti, aprendosi così a nuove domande non ancora formulate.

D'altronde *Due punti* (insieme a *Sale* e in un certo senso ad *Appello allo Yeti*) è uno dei pochi volumi di Wisława Szymborska in cui non c'è una poesia che abbia il titolo uguale a quello del libro. Perciò, dopo aver letto in un'intervista rilasciata da Michał Rusinek a « Gazeta Wyborcza » che la poetessa gli aveva parlato di due componimenti iniziati ma incompiuti e di uno concluso ma non iniziato, ho pensato che forse il componimento concluso ma non iniziato del suo nuovo lavoro avrebbe avuto appunto il titolo del libro complessivo, ovvero *Basta così*.
D'altronde, dai manoscritti felicemente conservati (annotazioni e minute) che abbiamo inserito quasi per intero nella nostra pubblicazione poiché costituiscono un tutto organico, si evince che le poesie iniziate erano in numero ancor maggiore e che, se la poetessa fosse riuscita a concluderne almeno una parte, sarebbe nato un volume di diciotto poesie, come *La fine e l'inizio*, o di venti, come *Qui*. Del resto alcuni componimenti conservati solo in manoscritto sembrano pressoché conclusi, come per esempio il seguente, che forse avremmo dovuto inserire nella sezione principale:

GLI INSETTI

Ti vedono da vicino anche se vieni da lontano
o da lontano anche se vieni da vicino

Sentono l'odore della carne del sangue
non hanno una missione soltanto l'esistenza
per loro non sei nulla
o un tratto di spazio che non sanno superare

Il ruolo loro imposto
si esaurisce in se stesso

È capitato loro di vivere
cioè qualcosa di molto importante

ma un minuto è parte dell'eternità

Mancano soltanto i segni d'interpunzione e una diversa formulazione dell'ultimo verso.
Si veda anche la poesia seguente:

ROMANZO

Non sia innamorato soltanto di se stesso
per giunta senza esser corrisposto

Il tuo racconto può finire bene o male
Come disse un sapiente
e ce n'è ancora in giro
tutto dipende dal punto
in cui esso s'interrompe
non pensi a se stesso da mattina a sera

Dona a loro la vita
pensieri che non devono per forza essere sciocchi

Sono perfettamente autonomi
descritti definiti
di loro non si dice mai «la folla»

Il lettore deve stare in ansia per loro

Può essere disperato – – – –
poiché nella vita è inevitabile

Da sé espella soltanto le parole i pensieri
le altre secrezioni: solo nella malattia mortale

Che il dito del destino termini in un artiglio
nell'alfabeto non esistono solo l'alfa e l'omega

Qui proprio la conclusione ha una grande espressività. Forse, oltre a inserire la punteggiatura, basterebbe cambiare alcune singole parole o frasi perché la poesia acquisti il suono e il ritmo – unici nel loro genere – caratteristici della poesia di Wisława Szymborska?

Conclusa pare anche questa poesia senza titolo, che l'intuito mi spinge a collocare accanto a *Romanzo* in quanto mi sembrano strettamente legate l'una all'altra:

Buonumore e pietà – coppia ben assortita
~~sono sposati già da tanto ma~~
Lui non la tradisce lei gli è fedele
    abitare
amano lavorare insieme così sono felici
Lei ha un lavoro fisso lui soltanto saltuario
però a volte guadagna più di lei
Quando devono separarsi   Quando non per colpa loro
provano molta nostalgia   devono separarsi a lungo
Quando devono separarsi – non sia mai a lungo –
il mondo all'improvviso si fa inesprimibile

Forse qui basterebbe inserire i segni d'interpunzione e scegliere il titolo e una delle varianti della conclusione per far sì che la poesia risulti compiuta, per esempio in questo modo:

Buonumore e pietà

Buonumore e pietà – coppia ben assortita.
Lui non la tradisce lei gli è fedele.
Amano abitare insieme, così sono felici.
Lei ha un lavoro fisso, lui solo saltuario,
però a volte guadagna più di lei.

Quando non per colpa loro
devono separarsi a lungo,
il mondo all'improvviso si fa inesprimibile.

Tuttavia non riusciamo a decidere per quale variante optare, perché non sapremo mai come sarebbe stata la scelta definitiva dell'Autrice; non ci resta che immaginarla, cosa che in poesia del resto io amo molto fare.
Il componimento successivo, iniziato ma incompiuto, è composto soltanto da dieci righe con un incipit espressivo e un altrettanto espressivo finale, tale da ricordarci uno dei versi della poesia *Gli insetti*:

LA MATERIA

Cominciò con timore – – qua e là
e poi si scatenò

Creò un meccanismo
che ora gli fa domande
chissà se era nei piani
fa riprodurre le creature poi per qualche motivo le sopprime
fornisce sottrae
e si pone domande

Da quando si è accorta di poter essere viva
si addentra anche nei ghiacci e nel moto degli astri
...
non ha alcuna missione se non essere moltiplicarsi

Invece in un'altra poesia (affine a *Un sassolino nella scarpa*, completamente cancellata), oltre al titolo che permetterebbe di capire se il soggetto è una singola nebulosa o il cosmo intero, mancano forse solo alcune parole nella settima e nell'ultima riga:

Saluto tutti i tuoi buchi neri
ho molte domande da farti
ma so
che non è tua abitudine rispondere alle lettere
saluto la tua terrificante lontananza
e la tua sconfinata vastità
I nostri contatti si basano solo sopra [?]
che tu a volte risplendi e io guardo
ma lo sai
che una ~~sola~~ nube qualunque è capace di offuscare
la tua [?]

Forse alla fine del settimo verso ci doveva essere: *sul fatto* (na tym), e non quel *sopra* (nad) verosimilmente errato, mentre nell'ultimo verso, dopo *la tua* (twój), manca il sostantivo (*immensità*?). O forse invece di *la tua* ci doveva essere il pronome *-ti* (*cię*) (offuscarti), come mi sembra sempre più probabile dopo aver letto più volte questo verso.

Ho disposto cronologicamente le poesie della sezione principale di *Basta così*, nell'ordine in cui Wisława Szymborska consegnò i dattiloscritti corretti a Michał Rusinek affinché li copiasse al computer (23.X.2010: *Un tale che osservo da un po' di tempo*; 1.XII.2010: *Le confessioni della macchina che sa leggere, A ognuno un giorno, La mano*; 7.V.2011: *Lo specchio*; 6.IX.2011: *Nel sonno*; 27.X.2011: *Reciprocità, A una mia poesia*; 2. XI. 2011: *La mappa*). Ho cercato di applicare lo stesso principio cronologico anche ai manoscritti, basandomi soprattutto sull'intuito, che però in certi casi potrebbe avermi tradito. Ho collocato all'inizio quelli che contengono appunti concernenti le poesie concluse, ovvero *Le confessioni della macchina che sa leggere, Nel sonno* e *A una mia poesia.* Poi quelli che considero quasi conclusi (*Gli insetti, La materia, «Saluto tutti i tuoi buchi neri», Romanzo,*

«*Buonumore e pietà – coppia ben assortita*», e anche «*Perché non scrivi che a volte sei felice*»). A seguire ho inserito le annotazioni sciolte che si riferiscono a varie poesie, e infine la minuta della poesia sull'ultimo uomo di Neandertal, che fa da contrappunto a *Le confessioni della macchina che sa leggere* e che è l'unica di cui io possa azzardare la cronologia, perché rammento che Wisława Szymborska ne parlò quando andammo a trovarla a Zakopane, come già ho ricordato:

Fu loro permesso di esistere molto prima di noi
Si acconsentì che vivessero in molte parti del mondo
Furono loro assegnate molte somiglianze nella
struttura della fronte e del viso
Si acconsentì non senza esitare che sprigionassero il
fuoco
che nel clima rigido ~~indossassero pelli d'animale~~
si coprissero con pelli d'animale
Poi fu loro permesso anche di vagare a lungo solitari
sulla terra
e di cavare dalla gola un suono
che metteva in guardia dai pericoli
che esprimeva la gioia di stare insieme
forse in quel suono c'era già qualche parola
Fu loro permesso anche di seppellire i morti
e fecondare donne giunte dal Meridione
di non ucciderle e di lasciarle partorire
e carezzare loro il capo con la mano liscia quasi come
la nostra
forse vedevano in sogno il capo del gruppo
non credevano ~~speranzosi~~ nell'oltretomba
e ammesso che sia possibile
senza dolore e senza sapere
che si stava per morire

Se casualmente
passerai di là
non lo saprai
che proprio di là
stai passando

che bisognava nascondersi qui
o fuggire di là

Eppure i sogni gli
promettono l'aldilà

affinché le sue madri
– non sapeva quale fosse –

e allora sprofonda
nel sonno
sprofonda nel sonno

lo partorissero di nuovo

che non era uno dei tanti
ma l'ultimo degli ultimi

Quando muore crede già nell'aldilà

La morte li ha disseminati ~~chissà dove~~
non ricorda più dove quanti e quando

Non sa di essere l'ultimo
è riuscito a vedere molte albe

Tra il mondo degli uomini estinti di Neandertal e il mondo delle macchine che sanno leggere, tra gli innumerevoli buchi neri dell'universo e il microcosmo degli insetti si dipanano i tempi e gli spazi di questo libro incompiuto.
Non so quando siano stati scritti i frammenti di un'altra poesia non ultimata, che colloco qui, alla fine, perché forse rappresentano la confessione più personale di Wisława Szymborska. Non riesco a decifrare l'ultima parola, sono riuscito a capire solo la penultima, cancellata:

eh già devo proprio ritornare
la mia poesia si nutre solo di nostalgia
e per avere nostalgia devi venire da lontano

La mia fede nel comunismo
stava già vacillando
cominciavo a sapere più di quanto dovessi

a pensare più del necessario
e fu allora che da occidente giunse un poeta
che destò la mia ammirazione
aspettavo con grandi speranze le sue parole
salì sul palco in un uragano di applausi

È la poesia di un uomo che pensa
a [...?] come un illimitato
campo ~~visivo~~ [...?]

Le parole e i frammenti da me irrisolti sarebbero sicuramente di più senza l'aiuto di Michał Rusinek, che ringrazio di tutto cuore.

Stampato dal Consorzio Artigiano «L.V.G.» - Azzate

PICCOLA BIBLIOTECA ADELPHI

ULTIMI VOLUMI PUBBLICATI:

660. Antoine Compagnon, *Un'estate con Montaigne*
661. René Guénon, *Autorità spirituale e potere temporale*
662. Jorge Luis Borges - María Esther Vázquez, *Letterature germaniche medioevali*
663. Lady Mary Wortley Montagu, *Cara bambina*
664. Ennio Flaiano, *Il gioco e il massacro*
665. Cesare Garboli, *Tartufo*
666. Carlo Rovelli, *Sette brevi lezioni di fisica*
667. Danilo Kiš, *Il liuto e le cicatrici*
668. Joseph Conrad, *Un avamposto del progresso*
669. Alan Bennett, *Gente*
670. Elias Canetti, *Aforismi per Marie-Louise*
671. Ivan Bunin, *A proposito di Čechov*
672. Joseph Roth, *L'avventuriera di Montecarlo*
673. L.E.J. Brouwer, *Vita, arte e mistica*
674. Marella Agnelli, *La Signora Gocà*
675. Carlo Emilio Gadda - Goffredo Parise, *«Se mi vede Cecchi, sono fritto»*
676. Guido Ceronetti, *Tragico tascabile*
677. I.J. Singer, *Sender Prager*
678. Hugo von Hofmannsthal, *Le nozze di Sobeide · Il Cavaliere della Rosa*
679. Jorge Luis Borges, *Libro di sogni*
680. Edgardo Franzosini, *Questa vita tuttavia mi pesa molto*
681. Hervé Clerc, *Le cose come sono*
682. Geminello Alvi, *Eccentrici*
683. Louis-Ferdinand Céline, *Lettere alle amiche*
684. Robert Walser, *Sulle donne*
685. René Guénon, *Oriente e Occidente*
686. Henry James, *La lezione del Maestro*
687. Hermann Broch, *Il racconto della serva Zerlina*
688. Anna Maria Ortese, *Le Piccole Persone*
689. James Hillman, *Presenze animali*
690. Wisława Szymborska, *Come vivere in modo più confortevole*

691. Giorgio Manganelli, *Estrosità rigorose di un consulente editoriale*
692. Oliver Sacks, *Gratitudine*
693. Francisco Rico, *I venerdì del Petrarca*
694. Jorge Luis Borges, *L'idioma degli argentini*
695. Ferenc Karinthy, *Tempi felici*
696. Paolo Zellini, *La matematica degli dèi e gli algoritmi degli uomini*
697. Marcel Jouhandeau, *Il cadavere rapito*
698. Alberto Ventura, *L'esoterismo islamico*
699. G.K. Chesterton, *L'età vittoriana nella letteratura*
700. Alexander Pope, *I bassifondi della poesia*
701. Curzio Malaparte, *Maledetti toscani*
702. Osip Mandel'štam, *Quasi leggera morte*

Piccola Biblioteca Adelphi
Periodico mensile: N. 637/2012
Registr. Trib. di Milano N. 180 per l'anno 1973
Direttore responsabile: Roberto Calasso